Terapia cognitiva conductual

Los 21 consejos y trucos más efectivos para volver a capacitar tu cerebro y superar la depresión, la ansiedad y fobias

Copyright 2020 por Ryan James Todos los derechos reservados.

El presente documento tiene por objeto proporcionar información exacta y fiable en relación con el tema y la cuestión tratada. La publicación se vende con la idea de que el editor no está obligado a prestar servicios contables, oficialmente permitidos o de otro tipo, cualificados. Si es necesario un asesoramiento, legal o profesional, se debe solicitar a un profesional en ejercicio de la profesión.

De una Declaración de Principios que fue aceptada y aprobada por igual por un Comité de la Asociación Americana de Abogados y un Comité de Editores y Asociaciones.

En ningún caso es legal reproducir, duplicar o transmitir cualquier parte de este documento, ya sea por medios electrónicos o en formato impreso. La grabación de esta publicación está estrictamente prohibida y no se permite el almacenamiento de este documento a menos que se cuente con el permiso escrito del editor. Se reservan todos los derechos.

Se declara que la información proporcionada en el presente documento es veraz y coherente, en el sentido de que toda responsabilidad, en términos de falta de atención o de otro tipo, por cualquier uso o abuso de cualquier política, proceso o instrucciones contenidas en el mismo es responsabilidad exclusiva y absoluta del lector destinatario. En ninguna circunstancia se podrá exigir responsabilidad legal o culpar a la editorial por cualquier reparación, daño o pérdida monetaria debida a la información aquí contenida, ya sea directa o indirectamente.

Los respectivos autores son dueños de todos los derechos de autor que no son propiedad del editor.

La información aquí contenida se ofrece con fines informativos únicamente, y es universal. La presentación de la información se hace sin contrato ni ningún tipo de garantía.

Las marcas comerciales que se utilizan no tienen ningún consentimiento, y la publicación de las mismas se realiza sin permiso ni respaldo del propietario de ellas. Todas las marcas registradas y sellos dentro de este libro son sólo para propósitos aclaratorios y son propiedad de los propios dueños, no afiliadas a este documento.

Índice

Introducción 1

Capítulo 1: Visión general de la terapia cognitivo-conductual 2

Capítulo 2: Ser consciente de las distorsiones cognitivas 11

Capítulo 3: Emplea las herramientas de la TCC y maximízalas 34

Capítulo 4: La importancia de la autodiscusión 57

Capítulo 5: Ejercicios de la TCC situacional 70

Conclusión 81

¡Gracias! 82

Introducción

Quiero agradecerte y felicitarte por la compra del libro, "Terapia Cognitiva Conductual: Los 21 consejos y trucos más efectivos para volver a capacitar tu cerebro y superar la depresión, la ansiedad y fobias".

Este libro contiene pasos y estrategias comprobadas sobre cómo reconfigurar o recapacitar el cerebro para cambiar la forma en que se ven y se sienten ciertas situaciones que ocurren en la vida. En efecto, también puede ayudar a tratar diferentes problemas como: fobias, ansiedad e incluso depresión.

Este libro te ofrece una breve visión general de la terapia cognitivo-conductual y cómo puede ayudarte a controlar tus pensamientos y acciones. También te ofrece información útil sobre la reconfiguración o el reentrenamiento de tu cerebro para olvidar patrones de pensamiento poco saludables.

¡Gracias y espero que lo disfrutes!

Capítulo 1: Visión general de la terapia cognitivo-conductual

¿Han robado la belleza y la plenitud de tu vida con el miedo? ¿Estás cansado de que la gente te diga que la única forma de superar tus miedos es enfrentándolos? Si bien es cierto que enfrentar tus miedos es una forma efectiva de superarlos, no es la única manera. De hecho, hay otras maneras en las que puedes intentar superar tus fobias, depresión y ansiedad. Una de estas maneras es reconfigurando tu cerebro.

Verás, tu cerebro generalmente toma el enfoque más fácil para lidiar con los problemas y es el de huir. Huir es en realidad una respuesta aprendida que es mucho más fácil que superar los desafíos y enfrentar las confrontaciones. Sin embargo, es posible reconfigurar el cerebro para que responda de forma diferente a situaciones similares. Sí, puede requerir dolor y dedicación, pero todo vale la pena.

A lo largo de los años, el cerebro puede haber adoptado ciertas formas de actuar como el miedo, la ansiedad, el pánico y la preocupación; pero todas ellas pueden ser olvidadas. Puedes cambiar los cables de tu cerebro para que actúe de la manera que quieras para que pueda servir con éxito a los propósitos en tu vida.

Para algunas personas, la respuesta está en la TERAPIA COGNITIVO CONDUCTUAL.

¿Qué es la TCC?

Dicho en los términos más simples, la TCC es un tratamiento a corto plazo orientado a objetivos, que en realidad tiene un enfoque más práctico cuando se trata de tratar los problemas que tiene la gente. El objetivo principal es básicamente reconfigurar el cerebro, es decir, cambiar el patrón de pensamiento de una persona, y al hacerlo, también cambiar la forma en que se siente. Se utiliza para tratar una serie de diferentes problemas; este tratamiento puede ayudar con problemas de relación, dificultades para dormir, e incluso con el abuso de drogas o alcohol.

Muy bien, hablemos de reconfigurar el cerebro de nuevo. La TCC es capaz de hacer esto centrándose en los pensamientos, creencias, actitudes e imágenes que son sostenidas por los procesos cognitivos del individuo. Ten en cuenta que la forma en que estos procesos ocurren se relaciona con la forma en que el individuo se comporta y cómo se enfrenta a los problemas emocionales.

Corto plazo vs. Largo plazo

Por lo tanto, una de las ventajas más significativas que tiene la TCC sobre otras formas de tratamiento sería el hecho de que es más corta en términos de duración. Suele durar alrededor de cinco a diez meses para la mayoría de los problemas emocionales que deben ser tratados.

Un cliente tendría que asistir diligentemente a una sesión cada semana, con cada una de ellas durando unos 50 minutos. Para el individuo promedio, esto es sólo una mínima parte del tiempo que necesita dedicarle, pero los resultados valen la pena cada minuto.

¿Qué sucede durante una sesión?

Durante los 50 minutos de la sesión, el cliente y el terapeuta trabajarían juntos para entender mejor cuáles son los verdaderos problemas. Una vez que estos han sido identificados adecuadamente, se crea una nueva estrategia para tratarlos, es durante este tiempo que los clientes suelen ser introducidos a un conjunto de principios o filosofías que pueden aplicar cuando sea necesario. Estos son principios que son útiles para cualquier situación y que durarían toda la vida.

La terapia cognitiva conductual es una combinación de **terapia conductual** y **psicoterapia**. Toma el énfasis de la psicoterapia en la importancia del significado que le damos a ciertas cosas y los patrones de pensamiento que formamos en la infancia. De la terapia conductual, se deriva la necesidad de prestar más atención a la relación entre los problemas que tenemos, nuestros pensamientos y nuestro comportamiento en general.

Cabe señalar que la mayoría de los psicoterapeutas que practican la TCC adaptan el tratamiento a las necesidades específicas de cada cliente. No hace falta decir que no hay una solución "de talla única" para todos.

Beneficios de la TCC:

Las personas que tienen problemas específicos tienden a ser las más adecuadas para la TCC, ya que sus técnicas tienden a centrarse en objetivos muy específicos. La mayoría de los expertos coinciden en que no es tan adecuada para las personas que se sienten vagamente insatisfechas o tienen momentos fugaces de infelicidad. Lo mismo ocurre con las personas que no tienen áreas específicas de sus vidas en las que quieran trabajar y mejorar.

También es más probable que beneficie a las personas que se relacionan con las ideas que subyacen a la TCC, ya que muchas de ellas pueden ser muy diferentes de otros tipos de tratamiento. Es un enfoque muy orientado a la resolución de problemas, y está destinada a personas que desean un tratamiento más práctico en lugar de obtener un mayor conocimiento de sí mismas.

Es más efectiva para:
- Ataques de ansiedad y pánico
- Manejo de la ira
- Síndrome de Fatiga Crónica
- Dolor crónico
- Adicción a las drogas y al alcohol
- Depresión
- Cambios de humor
- Problemas de alimentación
- Problemas generales de salud
- Malos hábitos y tics faciales
- Fobias
- PTSD
- OCD
- Problemas de sueño
- Problemas sexuales y de relaciones

Pensamientos, sentimientos y el diálogo interno

Fue el psiquiatra Aaron Beck quien se dio cuenta por primera vez de la conexión entre los pensamientos y los sentimientos de un individuo, y de que estos pueden afectar significativamente la forma en que una persona se comporta. La idea aquí es simple, imagina este escenario:

Durante una reunión con sus jefes, un empleado podría pensar: "Mi jefe no ha dicho mucho sobre mi presentación. ¿Está disgustado con ella?" Estos pensamientos pueden llevar al empleado a sentirse ansioso o angustiado. A su vez, puede seguir pensando que, "Tal vez simplemente está distraído o tal vez, no he estado proporcionando suficiente información interesante para mantenerlo enfocado". Con ese segundo pensamiento, los sentimientos generales del empleado podrían cambiar.

Estos pensamientos son a lo que Beck se refiere como "pensamientos automáticos", básicamente son los pensamientos que aparecen fácilmente en la mente cuando estamos en situaciones que no son cómodas. Sus estudios muestran que la mayoría de la gente no es consciente de estos pensamientos, pero pueden aprender a identificarlos y hablar de ellos. Piénsalo por ti mismo; ¿cuántas veces te has encontrado disgustado y has empezado a tener pensamientos negativos que no eran ni útiles ni realistas?

El pensamiento negativo es automático en estas situaciones. No te preocupes, es totalmente normal. De hecho, podría ser la clave que te ayudaría a superar tus dificultades.

La Terapia Cognitiva Conductual tiene como objetivo ayudarte a entender lo que está pasando en tu mente. Te permitiría ver tus pensamientos automáticos desde una perspectiva diferente, básicamente dándote una mayor comprensión de los mismos. La cosa es que las situaciones negativas e incómodas no son situaciones de las que podamos simplemente alejarnos, pero saber cómo manejarlas adecuadamente es un buen comienzo.

Piensa en ello como tu primer paso para romper el patrón de escuchar tus pensamientos negativos, y posteriormente sentirte desanimado por ello. Una vez que entiendas cómo funciona, serás capaz de separarte de estos pensamientos y encontrar una solución al dilema que estás enfrentando actualmente. No, no será un camino fácil, pero ciertamente es factible.

Entonces, ¿por dónde se empieza?

Capítulo 2: Ser consciente de las distorsiones cognitivas

Estos son tus pensamientos inexactos que refuerzan las emociones y pensamientos negativos. Algunas personas son bastante propensas a esto, permitiendo que los pensamientos los convenzan de una realidad que simplemente no es verdadera. Por ejemplo:

"Mi compañero de oficina no me responde. ¿Tal vez está ocupado? ¿O es porque no le agrado y prefiere no ser molestado por mi presencia?"

Si no eres consciente de las distorsiones cognitivas, podrías creer fácilmente en estas últimas. Sin embargo, no es verdad.

Aquí hay algunas distorsiones comunes que debes evitar:

1. *Filtrado*.

Esto se refiere a la incapacidad de una persona para ver las cosas buenas que también están sucediendo a su alrededor. Básicamente, sólo se detiene en el aspecto negativo de las cosas, ya sea su propia habilidad o el problema que está enfrentando actualmente, y como tal, no ve las otras posibilidades que pueden venir de ello. Muchas personas son propensas a esto.

¿Cómo lo superas? **Intenta hacer uso de las afirmaciones positivas.**

Las afirmaciones positivas se refieren a las palabras que te dices a ti mismo una y otra vez hasta que se arraigan en tu mente subconsciente. Son prácticamente mensajes que te dan ánimo y motivación. También son autodeclaraciones antinegativas. Por lo tanto, pueden mejorar significativamente tu autoconfianza y autoestima.

Los efectos positivos de las afirmaciones positivas son evidentes en un estudio publicado en el Journal of American College Health. Según este estudio, las participantes femeninas que aplicaron técnicas cognitivas conductuales en su vida, como las afirmaciones positivas, fueron capaces de reducir el pensamiento negativo así como de aliviar los síntomas de la depresión.

Cómo crear afirmaciones positivas

Los siguientes son puntos que pueden ayudarte a crear las afirmaciones positivas más efectivas que cambiarán tu vida:

1. Ten en cuenta las palabras, frases y oraciones que uses. Después de todo, no quieres enviar el mensaje equivocado al universo y a ti mismo. Antes de finalizar tus afirmaciones, asegúrate de revisar las palabras y frases.

2. Ten en cuenta que tus emociones están conectadas con tus palabras. Así que, cuando recites afirmaciones positivas, tus emociones seguirán el mismo camino. Por eso debes abstenerte de usar palabras que puedan relacionarse con emociones negativas, como "odio". Puedes reemplazar estas palabras negativas por otras positivas, como "amor".

3. Usa el tiempo presente. La mente subconsciente no es capaz de diferenciar las frases positivas y negativas porque todo lo que conoce es el presente. Por eso tienes que escribir y recitar tus

afirmaciones positivas en tiempo presente para obtener los efectos deseados.

4. Mantén tu mente tranquila, pacífica y relajada. Si quieres que tus afirmaciones positivas funcionen, tienes que recitarlas cuando tu mente esté despejada para que pueda absorber fácilmente lo que dices. Debes abstenerte de recitar afirmaciones si tu mente es caótica porque esto enviará los mensajes equivocados al universo y a ti mismo.

Recuerda mirar el cuadro más grande

Los expertos dicen que para que te mantengas feliz, debes mirar el panorama general y no enfocarte en lo negativo. Si te centras en lo negativo, te perderás los aspectos positivos de las cosas y no disfrutarás de tu vida.

Según Paul Dubois, un psiquiatra suizo, tienes que conseguir un papel y dibujar un par de columnas en él. Luego, tienes que escribir las cosas que te molestan así como las que te hacen feliz. Para todo lo que te preocupa, tienes que darle una contrapartida feliz. Tienes que hacer este ejercicio todas las noches antes de irte a la cama.

La idea principal de este ejercicio es darse cuenta de que te están pasando cosas positivas a diario. Por cada mala experiencia que tengas, encontrarás una buena experiencia. Esto evitará que te concentres en lo negativo y que agraves tu depresión o ansiedad.

Por ejemplo, si llegas tarde al trabajo, puedes golpearte a ti mismo. Puedes pensar que vas a ser reprendido por tu jefe y que puedes tener un mal historial. Sin embargo, algo bueno puede salir de esto. Si eres religioso, puedes verlo como la manera de Dios de salvarte de un accidente o de una situación desagradable.

Si tu prometida te dejó en el altar, puedes pensar que es el fin del mundo; pero no lo es. Puedes estar deprimido por esto o verlo como una bendición disfrazada. Puede que hayas esquivado una bala al no casarte con esta persona porque estás destinado a conocer a alguien mucho mejor.

Al hacerlo, estás entrenando tu mente para centrarse más en lo positivo y en las posibilidades que pueden surgir de las dificultades. Así que cada vez que sientas que te estás obsesionando con lo malo, asegúrate de hacer estos ejercicios para recordar también lo bueno.

2. *Sobregeneralización*.

Esto es tomar una sola mala experiencia y usarla como base para el resultado de las otras. Imagina este escenario: Un individuo está buscando que su arte sea reconocido. Tiene confianza en lo que puede hacer, pero después de una mala revisión, empieza a sentirse desanimado y a creer en cada crítica negativa que se le hace. Al final, se negó a seguir pintando. Todo un desperdicio, ¿verdad? No te dejes caer en la misma trampa.

¿Cómo lo superas? Usando **el poder de la visualización positiva**.

La visualización, que también se conoce como imágenes guiadas, es otra forma efectiva de superar cualquier tren de pensamiento negativo que puedas estar teniendo. De hecho, también se sabe que ayuda a las personas a lidiar con su ansiedad y depresión, incluso las fobias.

La idea aquí es bastante simple. Cada vez que realizas imágenes o visualizaciones guiadas, te imaginas a ti mismo en un lugar o tiempo que te relaja. Si estás enfermo, también puedes imaginarte en un estado más saludable.

¿Cómo funciona? Bueno, reemplaza las imágenes negativas de tu mente con las positivas. Imagina que el pintor una vez más, esta vez, está haciendo uso de la visualización para ayudar a disminuir la ansiedad que siente por tener que presentar sus obras de arte. A través de la visualización independiente o guiada, evoca imágenes de una multitud aplaudiendo, incluso los más grandes críticos que tiene llevan una sonrisa y asienten con la cabeza dando su aprobación.

Sus piezas se cuelgan en algunas de las galerías más grandes y con el tiempo, recibe ofertas de personas que desean comprarlas. Todo eso podría lograrse si simplemente diera ese importante paso de tomar su pincel de nuevo y mirar más allá de la crítica negativa que se les dio.

Es una práctica tan simple, pero puede ser lo suficientemente poderosa como para ayudar a restaurar la confianza de un individuo y reemplazar las imágenes negativas que podría haber tenido anteriormente en su mente.

La visualización guiada es en realidad una forma de práctica meditativa. Implica el uso de palabras, visualizaciones y/o música que animan a que aparezcan imágenes positivas en la mente y creen los efectos deseados en el cuerpo. Puedes energizar o calmar tu cuerpo, así como ayudar a eliminar tus pensamientos y emociones negativas.

3. Personalización.

Este es un tipo de distorsión cognitiva que hace que los individuos crean que todo lo que hacen en realidad afecta a las personas y otros eventos externos. No importa cuán irracional parezca el vínculo, la creencia es más fuerte que la lógica. La persona que sufre esta distorsión siempre se sentirá como si tuviera un papel en los malos eventos que suceden a su alrededor.

Por ejemplo, puede sentir que la reunión de la empresa no tuvo éxito porque llegó tarde a ella, a pesar de que su papel en dicha reunión es particularmente menor en comparación con el de otras personas. Esto es también lo que sucede en los niños que tienden a culparse a sí mismos por la separación de sus padres. Empiezan a creer que tienen algo de culpa y que, tal vez, si fueran mejores niños, no habría sucedido.

¿Cómo lo superas? Recuerda **que no todo está bajo tu control**, y que a veces, a menos que estés directamente involucrado, la culpa no es tuya. Ahora, esto sería difícil si el individuo se ha acostumbrado a este patrón de pensamiento, pero con la práctica es ciertamente algo que se puede tratar fácilmente.

Tomemos por ejemplo a un amigo mío que experimenta esto muy a menudo. Para evitar obsesionarse con la situación, lo que hace es tomarse un descanso de 5 minutos para enumerar mentalmente las posibles soluciones al problema en cuestión. Al hacer este ejercicio, es capaz de distraerse y la sensación eventualmente pasa. La productividad es una ventaja, y en algunos casos, también fue capaz de hacer grandes sugerencias para todo el equipo.

Recuerda, no todo está bajo tu control, y a pesar de tus errores, no siempre tienes la culpa de que las cosas no vayan como se supone que deben.

4. Razonamiento emocional.

Esta distorsión a menudo lleva a la gente a pensar que si lo sienten, entonces debe ser verdad. Por ejemplo, si te sientes poco interesante o poco atractivo en un momento dado, entonces debe ser el motivo por el que la gente no te presta atención.

¿Pero se aplica realmente esta línea de pensamiento? Por supuesto que no. Nuestras emociones no siempre serán una indicación exacta de la verdad. Sin embargo, estos sentimientos pueden ser difíciles de pasar por alto para algunos. Esto es especialmente cierto si ya hay pensamientos subyacentes que alimentan aún más esta emoción, inseguridades que tal vez no hayan expresado antes, pero que han estado constantemente en sus mentes.

De nuevo, volvemos a..: NUESTROS PENSAMIENTOS AFECTAN A NUESTROS SENTIMIENTOS.

¿Cómo lo superamos? Desafiando ***tu razonamiento emocional***.

Será un poco difícil al principio, pero es el primer paso. Mira tu situación y analiza cómo estás reaccionando a ella. Tal vez la razón por la que nadie te habla es porque no te esfuerzas lo suficiente para conectar con la gente. Digamos que estás en un grupo, te sentirás fácilmente excluido si no participas en la conversación en curso. Di lo que piensas de vez en cuando o ponte de acuerdo con una opinión que coincida con la tuya.

No puedes esperar que la gente haga todo el trabajo por ti. Si permaneces escondido en una fiesta, las posibilidades de que conozcas nuevos amigos son muy escasas. Lo mismo ocurre si mantienes una postura que está un poco fuera de lo normal. Intenta ser más abierto, no necesitas ser una gran sensación o montar un espectáculo.

Haz lo que te resulte cómodo para cambiar la situación; desafía tu razonamiento poniendo a prueba tus pensamientos.

5. Falacia de la justicia.

La mayoría de las veces, nos preocupa la equidad y que todos reciban la misma parte. Sin embargo, en este caso, se lleva a los extremos. Es un hecho de la vida que las cosas no siempre salen como queremos, no siempre será todo justo. Las personas que tienen esta distorsión tienden a buscar la justicia en cada experiencia que tienen, a menudo terminan infelices y resentidas con el mundo, así como con las personas que les rodean.

Por ejemplo, la gente tiende a pensar que la bondad será recompensada con bondad. Digamos que permitiste que alguien se te adelantara en la cola pensando que esto sería correspondido la próxima vez que tuvieras prisa. Sin embargo, sólo te encuentras con el rechazo y el juicio cuando lo intentas.

¡La vida es injusta! Este será tu primer pensamiento... no, sería el de la mayoría de la gente. Podría dejarte angustiado y enojado. Algunas personas incluso se desilusionan cuanto más ocurre, pensando que todo el mundo está en contra de ellos y que el mundo es simplemente cruel. ¿Suena dramático? No, en absoluto. Hay gente que piensa así, y también es una de las razones por las que algunos terminan deprimiéndose.

¿Cómo lo superas? Aunque no puedes cambiar el mundo de la noche a la mañana, hay algunos cambios que puedes aplicar en ti mismo. El primero de ellos sería recordarte a ti mismo que la vida no siempre seguirá tu camino AUNQUE te esfuerces en hacer siempre las cosas bien. No esperes ser recompensado por tus actos, y en su lugar, simplemente hazlos porque, bueno, el mundo necesita más de ello.

Cada vez que te encuentres en una situación injusta, mírala y trata de encontrar las posibilidades. Siempre hay algo positivo en cualquier situación negativa, sólo tienes que practicar cambiando la forma en que las miras.

6. Falacia del cambio.

Esto se refiere a la expectativa irracional de un individuo de que otras personas cambien según lo que les convenga. Básicamente, esto significa que nuestra felicidad general depende de cómo actúen otras personas, y de su falta de voluntad para "cooperar" a pesar de que se les empuja o se les exige que nos impidan sentirnos realizados. Esta es una forma de pensar verdaderamente perjudicial y puede causar depresión y problemas en las relaciones, sobre todo porque nadie más es responsable de nuestra propia felicidad, excepto nosotros mismos.

Pregúntate: ¿La gente que te rodea te está dando un estímulo positivo? ¿Están enfocados en desarrollarse como individuos o simplemente se aferran a ti porque obtienen algún tipo de beneficio?

La verdad del asunto es ésta: Hay casos en los que nos encontramos con un grupo de personas por pura conveniencia, porque están allí. No contribuyen a nuestro desarrollo como personas ni les influenciamos positivamente. En tales escenarios, ambas partes pueden desarrollar ciertas expectativas que no se cumplen simplemente porque sus personalidades, su desarrollo como individuos y su trayectoria general ya no coinciden.

También puede ser que te rodees de gente que te exige mucho o cuyas expectativas sigues intentando cumplir, pero que sientes que no puedes hacerlo. Esto puede causar que los sentimientos de insuficiencia se arraiguen y con ello, una disminución de la confianza en ti mismo, y que llegue la ansiedad y la depresión.

No hay nada de malo en superar la compañía que tienes. Le pasa a todo el mundo y en algunos casos, es mucho más saludable cortar los lazos en lugar de aferrarse a ellos. RECUERDA: Eres responsable de tu propia felicidad y como tal, si debes tomar medidas, entonces debes empezar ahora.

CONSEJO: Rodéate de gente optimista

Si quieres librarte de la depresión y la ansiedad, tienes que mantener tu círculo feliz. La gente negativa es tóxica para tu bienestar porque su negatividad puede desgastarse en ti. Ten en cuenta que tanto la positividad como la negatividad son contagiosas. Con quien sea que te rodees puede tener un gran impacto en tu mentalidad y actitud. Es por eso que las personas exitosas se rodean de otras personas exitosas. De la misma manera, aquellos que quieren tener éxito en la vida encuentran personas que pueden influenciarlos en un sentido positivo.

Lo mismo se aplica si quieres superar la depresión, la ansiedad y las fobias. Tienes que elegir tu compañía sabiamente. Si todo lo que ves todo el día son personas tristes, deprimidas y culpando al mundo por sus problemas, tú también serás como ellos muy pronto. Sin embargo, aunque no puedas controlar la forma en que piensan y se comportan, puedes controlar la forma en que los tratas. También puedes controlar la forma en que reaccionas ante su negatividad.

Sería bueno tratar de ayudar a estas personas a cambiar para mejor. Puedes intentar influenciarlos y animarlos a cambiar su forma de ser y ser más positivos. Sin embargo, no puedes forzar a nadie a hacer algo que no quiere hacer. Tienen que estar dispuestos a ayudarse a sí mismos. Muchas personas negativas ni siquiera son conscientes de que son tóxicas para los demás. Así que, si quieres salvarte y mantener tu cordura, lo mejor que puedes hacer es simplemente alejarte de ellos tanto como sea posible.

La gente sólo puede ser ayudada si realmente quiere ser ayudada. Si intentan arrastrarte a su drama, debes alejarte. En lugar de responder o luchar, debes concentrarte en lo tuyo. Debes centrarte en ti mismo, en tus objetivos y en las cosas que pueden ayudarte a mejorar como persona. Debes dejar ir a las personas negativas de tu vida si quieres ser feliz y estar libre de estrés.

Tienes que cuidarte a ti mismo, lo que significa que tienes que cuidar bien tu salud física y mental. Recuerda que tu mente afecta a tu cuerpo. Por lo tanto, si no tienes una mente sana, también tendrás un cuerpo poco sano. Por eso debes rodearte de personas que sean beneficiosas para tu bienestar mental. Sólo debes pasar el tiempo con personas que te inspiren, animen y apoyen.

La gente negativa es tóxica para tu cordura. Si tienes amigos que son negativos, deberías apartarlos de tu vida, aunque los conozcas desde hace mucho tiempo. Si tienes compañeros de trabajo que no hacen más que chismorrear y molestar a otras personas, deberías mantenerte lo más lejos posible de ellos. No hables con ellos a menos que realmente tengas que hacerlo y sea sólo sobre el trabajo. Estas personas sólo te arrastrarán a su nivel y tú no quieres eso.

7. Ser catastrófico.

Esto se refiere al individuo que siempre espera lo peor que podría suceder, incluso si la situación es menor o no se acerca al nivel de tragedia que está imaginando. Por ejemplo, tienes miedo al agua y a pesar de las innumerables medidas de seguridad puestas en marcha, sigues creyendo que algo va a salir mal. En tu cabeza, el agua hasta la cintura puede ahogarte.

¿Cómo superarlo? Enfrenta tus miedos y expónte a ellos.

Al hacerlo, podrás ver la realidad de la situación en lugar de crear escenarios negativos en tu cabeza. Una forma efectiva de superar tus miedos es enfrentarlos gradualmente hasta que seas más consciente del hecho de que TODO ESTÁ EN TU CABEZA. Cuanto más te expongas, más te familiarizarás con el miedo. Esto disminuye su impacto en ti. Así que, por ejemplo, si quieres estar más cómodo con el discurso público o la negociación, puedes someterte a una terapia de exposición.

Katherina Hauner, neurocientífica del Instituto de Rehabilitación de Chicago, dijo que la terapia de exposición mejora drásticamente la forma en que los pacientes ven sus miedos. Este método de tratamiento se realiza típicamente en pasos jerárquicos. La serie comienza con un bajo nivel de compromiso y aumenta con cada paso. Por ejemplo, si tienes miedo al agua, intenta empezar con piscinas poco profundas y gradualmente hazte camino hacia el final más profundo.

La cantidad correcta de exposición

Para que la terapia de exposición funcione para ti, tienes que tener la cantidad justa de exposición. Tienes que entrar en la situación con un objetivo claro para evitar que tu ansiedad empeore.

Ten en cuenta que exponerse a una situación no significa automáticamente tener que entrar en una habitación y quedarse de brazos cruzados. Tienes que preguntarte cómo tienes que comportarte en este tipo de situaciones. Cuando te expones a nuevas situaciones y aún así te comportas como lo hacías en el pasado, sólo terminarás sintiéndote ansioso de nuevo porque te estás reacondicionando para hacerlo.

Por eso tienes que actuar de forma diferente cuando te expones a una situación diferente. Si te enfrentas a una nueva situación y, sin embargo, tus acciones siguen siendo las mismas, te expones a la situación y la evitas al mismo tiempo. Esto impide que te expongas completamente y te permite superar la ansiedad.

Volvamos a nuestro ejemplo. En lugar de decir que te lanzes en el agua, intenta hacerlo poco a poco. Si te sientes más cómodo llevando un chaleco salvavidas, ¡pontelo! Lo importante aquí es dar el primer paso y cambiar tu patrón habitual de decir NO. Esta vez, di SÍ a la experiencia. Claro, puede que no superes tu miedo después de un intento, pero hay poder en la conquista de ese primer nivel.

Cómo exponerse a los desafíos y situaciones

Ten en cuenta que la exposición requiere una planificación y un calendario adecuados. Necesitas condicionarte y comprometerte a superar tu depresión, ansiedad y fobias.

Necesitas crear una lista de todas las cosas que te dan miedo, como la que has leído anteriormente en este libro. Tienes que incluir todo, ya sean objetos, situaciones, lugares o personas. Tienes que ser lo más claro y específico posible, escribiendo cada detalle que involucre tu miedo.

Considera tu entorno. Algunas personas se sienten más ansiosas por nadar en un lago mientras que otras se sienten más ansiosas por nadar en una piscina. Cuando nadas en un lago, tienes menos control de tu entorno. Por otro lado, cuando se nada en una piscina, hay salvavidas y también se es más consciente de la profundidad del agua.

La escala del miedo

Entonces, tienes que enfrentarte a tus miedos. También has leído sobre esto antes. Puedes empezar a enfrentar los miedos que están en el fondo de tu Escala del Miedo o los que te dan la menor cantidad de ansiedad. Al principio, puedes pasar sólo unos segundos o minutos enfrentando tus miedos. A medida que te vuelves menos ansioso, puedes pasar más tiempo enfrentándote a esos miedos hasta que ya no los tengas.

Cada vez que haces un ejercicio de exposición, puedes rastrear tu nivel de miedo. Puedes permanecer en la situación de miedo hasta que tu nivel de miedo baje un cincuenta por ciento. Por ejemplo, si llevar un cuchillo tiene una calificación de 6/10 en tu Escala de Miedo, puedes seguir llevándolo hasta que tu nivel de miedo baje a sólo 3/10.

También tiene que planificar la realización de ejercicios de exposición antes de lo previsto para que puedas tener más control sobre tus situaciones, así como determinar fácilmente lo que tienes que hacer. No olvides llevar un registro de tu progreso. Compara tus situaciones antes y después para ver hasta dónde has llegado, así como para averiguar las cosas que has aprendido en el camino.

La práctica regular también es necesaria.

También tienes que mantener tus ganancias aunque ya te hayas sentido cómodo haciendo algo. No debes dejar de exponerte a tu situación temida para que tus miedos no vuelvan. Por ejemplo, si has superado con éxito tu miedo al agua, ve a nadar regularmente. No dejes pasar mucho tiempo antes de volver a intentarlo, ya que esto podría ser perjudicial para tu progreso.

Recuerda, cuanto más familiarizado estés con tus miedos, menos catastrófica será la situación.

Capítulo 3: Emplea las herramientas de la TCC y maximízalas

Hay muchas herramientas simples que pueden ayudarte a entender mejor tus pensamientos, así como lo pensamientos que podrían estar arraigados. Es importante que las uses y las maximices para poder sumergirte completamente en el tratamiento. En este capítulo, te presento algunas de las herramientas más comunes de la TCC y cómo puedes utilizarlas.

8. Diario.

Piensa en el diario como un medio para reunir datos sobre tus pensamientos y tus diferentes estados de ánimo. Cuando escribas en tu diario, siempre trata de ampliarte con el estado de ánimo o el pensamiento. Responde algunas de estas preguntas:

1. *¿Cuál fue la fuente?*

2. ¿Qué tan intenso fue el pensamiento o el humor?

3. ¿Cómo respondiste a ello?

Esta herramienta puede ayudarte a identificar mejor tus tendencias emocionales y patrones de pensamiento. Tener un registro te permite mirar hacia atrás, y ver todo desde la perspectiva de un extraño. Un diario también ayuda a evitar que estés demasiado metido en tu cabeza, ya que esto puede llevarte a tener pensamientos negativos si no tienes cuidado.

Los beneficios de empezar un diario

El diario es una forma relajante y efectiva de expresar pensamientos y emociones libremente, sin preocuparte por lastimar a otros o ser escudriñado. Después de todo, eres el único que puede leer tus pensamientos cuando los pones en el papel. Puedes decir todo lo que quieras sin inhibiciones en tu diario. Por lo tanto, puedes desahogarte sin hacer el ridículo en público.

Puedes mantener tu diario oculto para mantener las entradas en secreto o iniciar un diario online que esté disponible para el público. No te preocupe porque, aunque tu diario virtual esté disponible para que todos los usuarios de Internet lo vean, podrás mantener el anonimato, siempre y cuando no publiques información personal como tu nombre completo, dirección y datos de contacto. También es posible que desees cambiar los nombres de las personas involucradas para proteger sus identidades.

Del mismo modo, esto puede ser demasiado trabajo para ti, especialmente si no tienes tiempo para editar los nombres o utilizar nombres en clave. Una ventaja de usar un diario virtual es que tienes espacio ilimitado. Puedes escribir tantas cosas como quieras, y no tienes que comprar un nuevo diario. Además, no tienes que preocuparte por perderlo y que alguien más lo encuentre y lo lea. También puedes escribir desde cualquier lugar, siempre y cuando traigas tu computadora contigo.

El diario te permite comunicarte con las áreas de tu psique que han sido congeladas; por lo tanto, te permite aprovechar las reservas más profundas de la resolución de problemas y la creatividad. Cuando escribes en un diario, eres capaz de obtener un destello de conciencia y saber, que no has visto antes. Esto te permite ganar claridad y reducir cualquier sentimiento de depresión o ansiedad.

Según el Dr. Michael Rank, codirector y profesor asociado del Instituto Internacional de Traumatología de la Universidad del Sur de Florida, un diario te obliga a actuar y a hacer algo. La Dra. Jessie Gruman, directora ejecutiva del Centro para el Avance de la Salud en Washington, está de acuerdo en que un diario es una excelente manera de lidiar con la depresión y la ansiedad.

Es más, el diario te da la oportunidad de ver tus sentimientos en blanco y negro. La mayoría de las veces, juzgas tus sentimientos y pensamientos subjetivamente. Esto no es saludable porque puedes tener una interpretación errónea. Cuando escribes tus pensamientos, puedes darte una pausa o releerlos, permitiéndote reflexionar y averiguar adecuadamente cómo lidiar con ellos.

9. *Haz espacio para una agradable programación de actividades.*

La idea aquí es darse el gusto en una actividad que estimule los sentimientos positivos que hay en ti. Para algunos, esto podría ser un buen libro y una buena taza de café, para otros podría ser ponerse al día con los amigos. Lo importante es que debe ser una actividad que sea saludable para ti, así que no comas en exceso ni fumes. Estas cosas pueden estimular los sensores de placer en tu cerebro, pero en realidad pueden empeorar tu estado mental general.

El azúcar puede causar choques de energía. Fumar puede causar adicciones.

Una buena opción para intentarlo es crear una rutina de ejercicios regular. Regular, como algo que haces muy a menudo si no puedes hacerlo todos los días.

Los beneficios del ejercicio:

Los beneficios físicos y mentales del ejercicio se han establecido desde hace mucho tiempo. Todos los expertos están de acuerdo en que el ejercicio regular puede ayudar a luchar contra las enfermedades y mejorar el bienestar general. El ejercicio no sólo es bueno para el cuerpo físico, sino también para la salud mental.

Numerosos estudios han demostrado que el ejercicio puede reducir la fatiga, mejorar la función cognitiva general, mejorar la concentración y aumentar el estado de alerta. Dicho esto, el ejercicio regular puede ayudarte a concentrarte mejor, así como a aumentar tus niveles de energía. Y lo que es más importante, puede ayudarte a controlar tus niveles de estrés y ansiedad.

Cuando el estrés afecta al cerebro, junto con tus conexiones nerviosas, el cuerpo siente el mismo impacto negativo. Por eso es necesario acondicionar tanto la mente como el cuerpo cuando se está estresado o ansioso. Dado que el cuerpo se llena de adrenalina en los momentos de estrés y ansiedad, es necesario que esta adrenalina se dirija hacia la actividad física, como los ejercicios aeróbicos, para hacerte sentir mejor.

Además, los científicos dicen que los ejercicios aeróbicos regulares pueden reducir significativamente los niveles de tensión, mejorar el sueño, aumentar la autoestima y, aumentar y estabilizar los niveles del humor. Así que, incluso si estás demasiado ocupado con el trabajo y no tienes tiempo para ir al gimnasio, puedes hacer ejercicio. Puedes realizar ejercicios en cinco minutos y seguir obteniendo los mismos buenos beneficios que cuando pasas de media hora a una hora en el gimnasio.

Lo que hace el ejercicio:

No es ningún secreto que el ejercicio es realmente efectivo para mantenerse en forma, saludable y feliz. Los siguientes son los efectos inmediatos del ejercicio en tu mente y cuerpo:

- Bombeo de endorfinas. Cuando realizas cualquier actividad física, fomentas la producción de endorfinas. Esto permite que tu humor cambie rápidamente de enojado, triste o frustrado a feliz, tranquilo y optimista.

- Tienes los beneficios de la meditación, algo que también es importante cuando se trata de la TCC, ya que te **impide rumiar**. El ejercicio puede ser considerado como una meditación en movimiento. Requiere enfoque mental como la meditación, pero con el movimiento corporal añadido. Cuando haces ejercicio, tienes que concentrarte en tu respiración, movimiento y postura, sin dejar espacio para pensamientos negativos.

- Sirve como una distracción positiva. Si estás estresado o ansioso, puedes practicar deportes activos como el racquetball y la natación, o cualquier otra actividad de ritmo rápido. Después, te darás cuenta de que ya no te sientes tan irritado y malhumorado como antes. Esto sucede porque el ejercicio también sirve como una distracción positiva. Así que en lugar de seguir consumido por las preocupaciones, te ves obligado a centrarte en el movimiento.

- Mejora tu estado de ánimo. Cuando haces ejercicio regularmente, mejoras los niveles de confianza en ti mismo. La actividad física puede ayudar a lograr la relajación, así como a reducir los síntomas relacionados con la ansiedad y la depresión. El ejercicio también puede ayudarte a dormir mejor por la noche para que puedas descansar y despertarte sintiéndote renovado y rejuvenecido.

Si quieres algo un poco menos pesado físicamente o si algo te impide hacer ejercicio, también puedes optar por la meditación mindfulness. Puede proporcionarte los mismos beneficios mentales que el ejercicio y puede dejarte sintiéndote mejor y mucho más claro.

10. *Meditación Mindfulness.*

Hay una amplia gama de beneficios en esto, pero es una de las técnicas de la TCC más efectivas cuando se trata de lidiar con <u>PENSAMIENTOS AUTOMÁTICOS</u>. Te permite desentenderte de la obsesión y la rumia, permitiéndote permanecer en tierra. De esta manera, tus sentimientos y comportamiento no se verán influenciados por la negatividad que pueda existir en tu mente.

Los beneficios de la meditación mindfulness

Numerosos estudios han demostrado que la meditación mindfulness es efectiva para controlar la depresión, el dolor y la ansiedad. Se trata de entrenar al cerebro para que se centre en el momento presente, en lugar de los arrepentimientos del pasado o las ansiedades del futuro.

Siempre que te preocupas, te centras más en lo que puede pasar en el futuro y en lo que tienes que hacer al respecto. Esto puede hacerte sentir ansioso y estresado. A través de la meditación mindfulness, puedes liberarte de estas preocupaciones y volver a poner tu atención en el presente.

Se trata de observar tus pensamientos y reconocerlos antes de finalmente dejarlos ir. Se refiere a tu capacidad de ser consciente de tus sentimientos actuales así como de las experiencias externas e internas de momento a momento.

Cuando practicas la meditación mindfulness, eres capaz de determinar dónde tu pensamiento causa problemas. También te ayuda a estar en contacto con tus emociones. En esencia, la meditación mindfulness consiste en reconocer y observar tus sentimientos y pensamientos ansiosos, dejar de lado tus preocupaciones, y permanecer enfocado en el momento presente.

La meditación mindfulness puede ayudarte a mantenerte concentrado y tranquilo en el presente para que puedas devolver el equilibrio a tu sistema nervioso. La meditación mindfulness se ha practicado durante mucho tiempo en diferentes partes del mundo para reducir la ansiedad, el estrés y la depresión entre otros problemas de salud mental.

Empezando

Antes de que puedas practicar la meditación mindfulness, en primer lugar necesitas encontrar un ambiente tranquilo. Lo ideal es que elijas un lugar aislado, silencioso y pacífico. Puede ser en cualquier lugar, en tu casa, en el bosque o en un templo. Cualquiera que sea el lugar que elijas, tiene que ser relajante y libre de cualquier interrupción o distracción.

También tienes que asignar un tiempo específico para tu práctica de meditación. Según los expertos, las horas más ideales son las tempranas de la mañana, particularmente entre las 3 y las 5 de la mañana. Los antiguos maestros y practicantes de meditación decían que es durante estas horas cuando la mente está en su estado más refrescante. Añaden que la mente es como una pizarra en blanco que puedes llenar fácilmente con pensamientos positivos y útiles.

Además, meditar por la mañana te ayuda a prepararte para el largo día que se avecina. Por la noche, meditar te permite despejar la mente y deshacerte de las cosas estresantes que pasaron durante el día. También te prepara para una buena noche de sueño para que puedas despertarte sintiéndote renovado y rejuvenecido al día siguiente.

Tener horarios específicos para practicar la meditación mindfulness te ayuda a formar un hábito consistente. Cuanto más a menudo lo haces, más automático se vuelve. Puedes ajustar tu temporizador o despertador a una hora específica. Muy pronto, ya no pensarás o planearás en practicar la meditación mindfulness porque tu cuerpo irá automáticamente a tu sala de meditación y empezarás a meditar.

Sentirás la necesidad de meditar al despertar por la mañana y antes de acostarte por la noche. Los hábitos son difíciles de romper, por lo que necesitas hacer de la meditación un hábito sólido.

1. Empieza por encontrar una posición cómoda. Cuando medites, debes sentirte cómodo al sentarte. Si no estás cómodo, no podrás concentrarte en la meditación. Asegúrate de usar también ropa cómoda.

Elije ropa suelta, ligera y transpirable para que puedas moverte libremente.

2. Puedes sentarte en el suelo o en una silla, lo que te resulte más cómodo. Hay diferentes posiciones para sentarse que puedes elegir. Por ejemplo, puedes elegir un loto completo, medio loto o un cuarto de loto.

3. Si utiliza un reloj despertador para ayudar a llevar la cuenta de la hora, debes colocarlo cerca de ti pero no demasiado cerca para que no te distraiga. También tienes que colocarlo lejos de ti para no tener la tentación de comprobar la hora de vez en cuando. Esto te puede distraer de tu sesión de meditación.

4. No olvides tu punto de enfoque. Esto puede ser cualquier cosa, ya sea real o imaginario. Si prefieres meditar con los ojos abiertos, puedes mirar fijamente a un objeto como punto de enfoque. Por ejemplo, puedes mirar fijamente la llama de una vela o un punto en la pared.

5. Si prefieres meditar con los ojos cerrados, puedes visualizar tu punto de enfoque. Por ejemplo, puedes imaginarte viendo un rayo de luz. También puedes seleccionar un mantra o una frase o palabra con un significado especial. Si tienes un mantra, tienes que repetirlo a lo largo de tu sesión de meditación.

Es importante que tengas una actitud no crítica y observadora hacia la meditación mindfulness. No debes preocuparte por albergar pensamientos que te distraigan porque es normal que los principiantes tengan una mente errante. Si los pensamientos que distraen se cruzan con tu mente, deberías dejarlos ir

. No debes intentar luchar contra ellos, sino que debes devolver tu atención suavemente al punto de enfoque.

11. *Reestructuración cognitiva.*

El reencuadramiento o reestructuración cognitiva es una de las partes fundamentales de la TCC. También se considera un tratamiento muy eficaz cuando se trata de problemas comunes que las personas enfrentan, incluyendo: trastornos de ansiedad, atracones y depresión.

¿Cómo hacerlo? Básicamente es tomar algo que te hace sentir mal y convertirlo en algo bueno. Tomemos la ansiedad por ejemplo.

Reencuadrar la ansiedad como excitación

Cuando reformulas tu ansiedad como excitación, eres capaz de dedicar más recursos y energía a la situación. Según Alison Wood, profesora adjunta de la Escuela de Negocios de Harvard, la forma más ideal de tratar la ansiedad es excitarse. Este hallazgo contrasta con la creencia de la mayoría de las personas, que es mantener la calma.

Verás, tus emociones ocurren en dos niveles: excitación y valencia. La excitación se refiere a la sensación física que ocurre en el mundo psíquico mientras que la valencia se refiere a la forma en que interpretas esta excitación mentalmente.

Cada vez que te pones ansioso, tu ritmo cardíaco se dispara. Cuando esto sucede, experimentas una gran excitación, y eso es una valencia negativa. Así que, cuando te sientes ansioso, tienes que reformularlo como un sentimiento de excitación en lugar de vivirlo como sentimientos de temor. Al reformularlo, tu ritmo cardíaco se dispara, pero con él vienen los sentimientos positivos en lugar de la inquietud.

Además, los investigadores han descubierto que aquellos que reformulan su ansiedad como excitación pueden mejorar a la hora de tratar el tema de su problema. Estas personas tienden a tener mayores niveles de confianza, lo que es beneficioso para ellos. También tienden a ser más optimistas y amigables, rasgos que pueden llevarte lejos en la vida. Así que, la próxima vez que te sientas ansioso, deberías encontrar algo por lo que entusiasmarte.

Reconocer que lo estás haciendo bien

Todos los días, tienes que reconocer que lo estás haciendo bien. Durante los momentos aleatorios de tu día, tienes que hacer una pausa y felicitarte por estar bien.

Rick Hanson, un neuropsicólogo que escribe para Psychology Today, dice que tus instintos de supervivencia te hacen constantemente temeroso e inquieto. Mientras que estos instintos te protegen evitando que bajes la guardia por completo, también te ponen ansioso.

¿Te sientes ansioso? Debes decirte a ti mismo que todo está bien, y que está bien sentirse así. Es natural, después de todo, estás haciendo algo enorme y EXCITANTE. No dejes que el sentimiento dicte la negatividad en tu mente. Úsalo en su lugar, como combustible recordándote a ti mismo que lo estás haciendo bien.

12. Escribe auto-afirmaciones.

Esto puede parecer similar a la recitación de afirmaciones positivas, pero hay una diferencia clara y es el TEMA DE TUS AFIRMACIONES. Este ejercicio se centra en ti como individuo y en tus valores fundamentales, los que pudiste haber formado durante tu infancia. Estos son los que tienen la asociación más fuerte con los sentimientos de positividad, especialmente si están relacionados de alguna manera con tu familia.

Por ejemplo: Si te encuentras con un ataque de ansiedad antes de presentar una nueva idea a la empresa, díte a ti mismo: "Mi madre siempre me enseñó que no hay grandes desafíos, sólo gente que no está a la altura". Repite ese pensamiento hasta que el pensamiento negativo desaparezca y sólo te llenes de estas palabras alentadoras.

Siempre asegúrate de afirmar los valores fundamentales antes de cualquier situación difícil, especialmente si comienzas a sentirte aterrorizado o plagado de pensamientos de fracaso y rechazo. Haciendo esto, puedes mantenerte positivo en cualquier situación.

Así que la próxima vez que vayas a una entrevista de trabajo o te enfrentes a una situación difícil, tienes que hacer una pausa por un tiempo y recordar tus valores fundamentales. Respira hondo y recuerda los valores con los que creciste.

Estos valores fundamentales pueden ser sobre tu familia, relaciones, creatividad o éxito profesional entre otros. Tienes que seleccionar uno de estos valores y determinar por qué es importante para ti. Consigue un papel y escribe tus razones de por qué son importantes. Tienes que ser lo más vívido posible.

Tanto los psicólogos como los investigadores están de acuerdo en que puede ayudar a reducir el estrés y la ansiedad. En un estudio en el que participaron ochenta y cinco estudiantes universitarios, se descubrió que escribir sobre los valores fundamentales ayuda a reducir los niveles de estrés.

Se les dijo a los participantes que dieran discursos de cinco minutos mientras los miembros de la audiencia les gritaban que hablaran más rápido. Sin embargo, antes de pronunciar sus discursos, los participantes seleccionaron el valor que consideraban más importante, así como el valor que consideraban bastante irrelevante. Luego, escribieron a medias sobre tales valores.

Por supuesto, los que han escrito sobre sus valores más altos se encontraron menos estresados durante su discurso. También tenían niveles más bajos de cortisol que los que escribieron sobre sus valores más bajos.

13. *Exposición basada en imágenes.*

Este ejercicio implicaría que recordaras un recuerdo reciente que produjo una intensa sensación de negatividad en tu interior. Ahora, una vez que lo tengas en mente, analiza la situación.

Por ejemplo, te encontraste en una situación angustiosa en el trabajo donde terminaste discutiendo con uno de tus compañeros de oficina. Podrían haber dicho algo hiriente que te dejó tambaleante y completamente fuera de tí.

Sí, el ejercicio puede traer de vuelta algunos de esos sentimientos, pero intenta centrarte en el propósito que tienes a mano en lugar de esas emociones. Recuerda que la situación ha pasado y ahora, sólo estás estudiando para entender mejor cómo reaccionaste.

A continuación, etiqueta los pensamientos y emociones que pasaron durante el conflicto. Identifícalos y escríbelos.

¿Cómo ayuda esto? Al visualizar esta situación, puede ayudarte a quitarte el poder de desencadenar las mismas emociones en ti. Exponerse de nuevo a esos sentimientos e impulsos negativos te quitará parte de su capacidad de afectarte una vez más.

14. Grabación del pensamiento.

Para este ejercicio, se pondrá a prueba la validez de tus pensamientos. Básicamente, esto implicaría tener que reunir y luego analizar cualquier evidencia a favor y en contra de un pensamiento que puedas tener. Lo que esto te permite ver es una conclusión basada en hechos sobre si dicho pensamiento es válido o no.

Por ejemplo, podrías pensar que tu jefe te tiene una baja estima y que te encuentra inadecuado para el trabajo. Necesitarías reunir todas las pruebas que te hagan creer que esto es cierto, como "No sonreía mientras hacía mi presentación y él hizo muchas preguntas como para avergonzarme". Luego piensa en las pruebas que van en contra de esta creencia, como "Me dió una palmadita en la espalda después de la presentación" y "También me dijo que siguiera así". Si pensaba mal de mí, entonces no me habría animado de esa manera".

El objetivo aquí es crear una imagen más equilibrada en tu mente, así como deshacerse de los pensamientos negativos irrazonables que has formado anteriormente.

Por ejemplo, "Tal vez mi jefe estaba escuchando atentamente mi presentación por lo que no sonrió mucho e hizo muchas preguntas. Al contrario, debería escuchar su estímulo, y seguir haciendo lo que hago para ser un mejor empleado."

Capítulo 4: La importancia de la autodiscusión

Todos tenemos una crítica interna y tiende a ser más fuerte y persistente cada vez que nos sentimos ansiosos o deprimidos. Esta es la voz en nuestra cabeza que constantemente nos regaña y nos alimenta con afirmaciones negativas - desgraciadamente, algunos de nosotros tendemos a escucharla más que la voz positiva. Es cierto, somos nuestros peores críticos y la forma en que nos hablamos a nosotros mismos puede afectar significativamente en cómo nos sentimos y en cómo manejamos ciertas situaciones.

¿Alguna vez has oído decir cosas como:

- "Soy tan inútil".
- "No soy lo suficientemente bueno para esto".
- "Soy tan aburrida. Por eso la gente me encuentra invisible".
- "No soy lo suficientemente guapa."

- "Nunca encontraré la felicidad."

- "Soy demasiado poco para los demás. Por eso me dejan."

¿Te suena familiar? Bueno, no estás solo. A pesar de lo horrible que es esta voz, hay una forma de "silenciarla". Lo que debes entender primero es que nuestra imagen y autoestima se desarrolla por la forma en que nos hablamos a nosotros mismos. Mientras que al ser autocríticos internos creemos que nos protegemos de las decepciones, en realidad estamos empeorando las cosas.

¿Has oído hablar del "mecanismo de defensa del ego"? Esto sería parte de él. Sin embargo, ninguna de sus críticas es constructiva, sino que nos ataca y evita que muchas personas vivan sus vidas al máximo. Por eso es importante estudiar la forma en que nos hablamos a nosotros mismos y arreglar los fallos en ella.

La autodiscusión se refiere a la forma en que te hablas a ti mismo. En general, la gente se habla a sí misma a un ritmo de 150 a 300 palabras por minuto o aproximadamente 50.000 veces al día.

La autodiscusión de pensamiento interno ocurre a través del área consciente de tu mente, y puede que no seas consciente de que la autodiscusión se convierte en instrucciones para tu mente subconsciente. La principal tarea de tu mente subconsciente es cumplir las órdenes que le envía tu mente consciente. Tu mente subconsciente es también tu propio servomecanismo personal que trabaja en tu nombre sin parar.

Cómo funciona la autodiscusión

Si quieres entender mejor cómo funciona la autodiscusión, puedes pensar en un transatlántico. Imagina este transatlántico cruzando el mar. El capitán del barco grita órdenes a su tripulación, pero la tripulación está en la bodega del barco. Están situados bajo la línea de flotación, lo que les impide ver la dirección del barco.

Puedes considerar al capitán de la nave como tu mente consciente y a la tripulación como tu mente subconsciente. Cuando el capitán le grita a la tripulación que vaya a toda velocidad, la tripulación obedece tal como se le dijo. Cumplen las órdenes y tienen fe en su capitán aunque no puedan ver realmente hacia dónde se dirigen. No piensan en la posibilidad de que el barco colisione con otro barco o con rocas. No cuestionan el juicio de su capitán; simplemente obedecen.

Así es básicamente como funcionan tus mentes conscientes y subconscientes. Estos dos no están realmente separados. Por el contrario, son más bien esferas individuales de una mente singular. Cualquier cosa que te digas a ti mismo conscientemente tiene un efecto directo en tu mente subconsciente.

Si te involucras en una auto charla negativa, tu mente subconsciente recibirá el mensaje negativo y lo llevará a cabo. Por otro lado, si te involucras en una conversación positiva, tendrás resultados positivos.

Al igual que la tripulación de la nave en el ejemplo anterior, tu mente subconsciente no cuestiona las órdenes de tu mente consciente. Lo que diga la mente consciente, la mente subconsciente lo recibe sin juzgarlo.

La ciencia de la autodiscusión

David Sarwer, director clínico y psicólogo del Centro de Trastornos Alimenticios de la Universidad de Pensilvania, usa un gran espejo cuando trata con sus pacientes. Los hace pararse frente a este espejo y les dice que usen un lenguaje neutro y suave al evaluar sus cuerpos.

Por ejemplo, un paciente con sobrepeso debe optar por decir que su abdomen es grande, redondo y más grande de lo que le gusta, en lugar de que su abdomen sea grotesco y asqueroso. Según Sarwer, su objetivo es deshacerse de los términos peyorativos y negativos en el autohabla de sus pacientes. Añade que no es suficiente que sus pacientes pierdan o aumenten de peso. También tienen que cambiar la forma en que ven sus cuerpos para poder mantener su peso ideal una vez que lo alcanzan.

En 2013, científicos de los Países Bajos realizaron un estudio en el que participaron mujeres con anorexia. Observaron a estas mujeres anoréxicas caminar a través de las puertas del laboratorio. Notaron que las mujeres se volvían de lado y se apretaban en las puertas, a pesar de que hay mucho espacio disponible a su alrededor. Estas mujeres anoréxicas aparentemente tenían la noción de que sus cuerpos son mucho más grandes de lo que realmente son.

En un estudio similar llevado a cabo en 1911, los neurólogos Dr. Gordon Morgan Holmes y Dr. Henry Head, publicaron una serie de estudios que discutían la conexión del cerebro y el cuerpo. Encontraron que las mujeres que a menudo llevaban sombreros enormes con plumas se agachaban cada vez que pasaban por las puertas. Lo hacían incluso cuando no llevaban los sombreros. En su mente, seguían usando los sombreros.

Según el Dr. Branch Coslett, neurocientífico cognitivo de la Universidad de Pensilvania, cada persona tiene una representación interna de su propio cuerpo. Necesitas esta parte de ti mismo para poder entender y aprender cuánto espacio ocupas. Esto también te ayuda a hacer y completar tus tareas mejor y más rápido.

Los investigadores también han encontrado que ese sentido interno es muy poderoso. Los neurólogos han investigado las imágenes motoras, lo que demuestra que las mismas redes neurológicas se utilizan tanto para imaginar el movimiento como para realizarlo realmente. Así que, imaginar un cierto movimiento repetidamente puede tener un efecto similar en tu cerebro como si lo estuvieras haciendo.

Por qué es importante la autodiscusión

La gente no siempre consigue lo que quiere en la vida porque consigue lo que espera y atrae. La autodiscusión en realidad crea tu autoconcepto. Es tu autoconcepto el que identifica tu nivel de rendimiento en los diferentes aspectos de tu vida.

Puedes tener más de cien autoconceptos individuales diferentes. Por ejemplo, puedes tener un alto concepto de ti mismo durante eventos y situaciones sociales. Puedes decirte a ti mismo que eres un excelente conversador y que haces buenos chistes. Por el contrario, también puede tener un bajo concepto de ti mismo. Puede que te digas a ti mismo que no te van a ascender en el trabajo o que hay mucha gente que es más inteligente que tu.

Debes saber que tu subconsciente trabaja duro para asegurarse de que tu desempeño sea coherente con tu autoconcepto, ya sea negativo o positivo. Por eso debes optar por lo positivo en lugar de lo negativo si quieres que tu vida mejore.

15. La autodiscusión positiva cuenta.

El diálogo positivo con uno mismo se considera la manifestación física de la psique, que proporciona estímulos. Sin embargo, los investigadores han encontrado que los pensamientos de una persona promedio consisten en un 80% de negatividad y sólo un 20% de positividad. Deberías practicar el diálogo contigo mismo más a menudo porque tiene muchos beneficios.

- **La autodiscusión positiva puede ayudar a reducir el estrés y los niveles de ansiedad.**

Siempre que sientas que estás abrumado o estresado, puede practicar la autodiscusión positiva para levantar el ánimo y mejorar tu estado de ánimo al instante. La Asociación Americana del Corazón dice que el control del estrés es uno de los mayores beneficios del diálogo positivo.

- **Al asegurarse de que las cosas van a estar bien, te vuelves menos ansioso y mucho más tranquilo.**

Por otra parte, hay que tener en cuenta que hablar positivamente de uno mismo no es lo mismo que mentirse a uno mismo sobre el estado real de las cosas. Cuando te das a ti mismo una charla positiva, tienes que ser coherente con la realidad. Las cosas sólo empeorarán si te mientes a ti mismo y crees esas mentiras.

Imagina este escenario:

Si tu marido se acaba de divorciar de ti, no puedes mentirte a ti misma que tu relación volverá mágicamente a ser como antes. No debes engañarte pensando que no tenías problemas. Si vuelven a estar juntos, se darán cuenta de que las cosas han empeorado. Por eso debes seguir siendo realista. Puedes decirte a ti misma que con el tiempo superarás el dolor y seguirás adelante con tu vida. Esta autocomplacencia es positiva pero realista. Te permite enfrentar tu situación de manera efectiva y te impide tomar decisiones tontas.

- **La autodiscusión positiva con uno mismo también protege el corazón y los músculos del corazón.**

El estrés, como sabes, es una de las causas más comunes de las enfermedades del corazón. Dado que una conversación positiva sobre uno mismo puede reducir el estrés, también puede reducir el riesgo de enfermedades cardíacas. Esto se demuestra en un estudio realizado por Susanne Pedersen, investigadora de la Universidad de Tillburg en Holanda. De acuerdo con el estudio, los participantes que mantuvieron una perspectiva positiva en la vida tuvieron menores riesgos de mortalidad durante los siguientes cinco años.

- **La autodiscusión positiva previene la depresión y la ansiedad.**

A menudo, la gente que está deprimida se siente inútil y desesperada. Esto afecta tanto a sus mentes como a sus cuerpos, por lo que tienden a experimentar problemas de alimentación, letargo y falta de sueño. Si te das una charla positiva de vez en cuando, te mantendrás feliz y libre de estrés.

- **La autodiscusión positiva también puede aumentar tu confianza.**

La falta de autoeficacia y la negatividad son dos grandes obstáculos para cumplir con tus tareas. Cuando empiezas a dudar de tus habilidades, pones límites a las cosas que eres capaz de hacer. Por ejemplo, si tienes miedo de fallar en tu examen o de estropear tu presentación, entonces ya te has establecido para el fracaso. La autodiscusión negativa atrae resultados negativos e indeseables.

- **La autodiscusión positiva puede solidificar y fortalecer la creencia en uno mismo.**

Por ejemplo, si realmente crees que puedes ganar un debate o conseguir una puntuación perfecta en tus exámenes, entonces ya te has preparado para el resultado; que es ganar el debate o conseguir una puntuación perfecta en tus exámenes.

Vale la pena señalar que la relación contigo mismo no es lo único que se beneficia cuando te das una charla positiva a ti mismo. También puedes formar mejores relaciones con otras personas. Esto es porque te conviertes en un reflejo de la positividad. Eventualmente, tu positividad comienza a extenderse a las personas con las que estás. Empiezas a reconocer los buenos rasgos de tu familia, amigos, compañeros y compañeras de trabajo, e ignoras sus rasgos menos atractivos. Te conviertes en una persona más accesible y divertida.

Además, la autodiscusión positiva puede ayudar a mejorar tu desempeño en diferentes áreas de la vida. Por ejemplo, es una parte vital de la psicología deportiva. Cuando los atletas practican el diálogo positivo, pueden reducir la ansiedad por el rendimiento y los nervios previos a la carrera. El diálogo positivo les permite prepararse mejor para su evento y mejorar su rendimiento general. De la misma manera, el diálogo positivo puede ayudarlwa a prepararse para cualquier cosa que estén a punto de afrontar o emprender.

Capítulo 5: Ejercicios de la TCC situacional

16. *Experimentos de comportamiento.*

Se hacen para probar la validez de ciertos pensamientos negativos que puedas tener, así como cualquier creencia subyacente a ellos. Por ejemplo, en la escuela, a menudo te encuentras con dificultades a la hora de decir no a tus amigos. Todos hemos vivido eso, ¿no es así? Siempre hay algún grado de presión de grupo que ocurre en el que todos pensamos que decir NO podría causar que nuestros amigos y la gente no nos quieran más.

Un temor subyacente aquí sería el de la exclusión. Teníamos miedo de decir que no porque no queríamos terminar siendo un extraño. Además, ¿qué podría salir mal si dijéramos que sí? Mucho, esto es lo que diría tu yo adulto.

Los experimentos de comportamiento son muy parecidos al típico experimento que harías en clase. A través de él, estarás probando una hipótesis. ¿Tus amigos pensarán mal de ti si les dices que no?

Prueba esto en alguien cercano a ti. Dile que NO y luego observa lo que pasa. Reúne información y estudia cómo reacciona a ello. Hazte estas preguntas:

- ¿Realmente terminaste gustándole mucho menos?
- ¿Cómo lo sabes?
- ¿Estás seguro de que esto no es sólo una falsa suposición?

Después de esto, puedes intentar hacer el experimento de nuevo, pero esta vez, hazlo con uno de tus amigos. Dile que NO y mira lo que pasa y lo que es diferente esta vez.

Al hacer esto, eres capaz de presentarte con evidencia que refuta tu pensamiento negativo y, posteriormente, abordar la creencia subyacente que está asociada con él también. No habrá miedo al rechazo después de que te des cuenta de que te preocupas por nada.

17. Exposición a las pesadilla y reescritura.

La cosa es que las ansiedades y los miedos no siempre se limitan a cuando la gente está despierta. Mientras que el sueño es un pensamiento reconfortante para algunos, hay personas que temen tener que cerrar los ojos por la noche debido a las pesadillas que suelen acompañar a su sueño.

En el fondo, este ejercicio tiene como objetivo ayudarte a enfrentar tus miedos y despojarlos de su capacidad para hacerte sentir dolor. Es similar a otros ejercicios de exposición con algunas diferencias menores. Esta técnica va de la mano con la reescritura.

Cómo:

- Confronta tus pesadillas. Recuerda que al igual que las historias, estas pesadillas pueden tener diferentes interpretaciones, y no siempre son negativas. En lugar de evitar el sueño, recuérdate a ti mismo, e intenta ver tu pesadilla desde una nueva perspectiva. ¿Qué representan estos monstruos?

- Ayúdate escribiendo las cosas. Hacerlo puede no ser tan fácil ya que tienes que recordar cosas que te han asustado, pero te permitiría ver las cosas con claridad. ¿Hay temas comunes entre tus pesadillas?
- Analiza los detalles de tu pesadilla y concéntrate en la experiencia.
- Una vez que tienes todas estas cosas escritas, es hora de visualizar una nueva historia. Esta vez, concéntrate en las cosas que quieres sentir mientras sueñas. Cambia los eventos aterradores por algo mejor, deja que tu imaginación se desate. Cuando se trata de sueños, puedes hacer casi cualquier cosa.
- ...DÍTE A TI MISMO QUE TIENES EL PODER COMPLETO DE ESTO.
- Es importante que empiece la luz. Nunca empieces con tus peores pesadillas. En vez de eso, anda subiendo y con el tiempo llegarás al punto en que incluso tus peores

pesadillas ya no te afecten y puedas transformarlas fácilmente en otra cosa.

18. Sigue el guion hasta el final.

Piensa en esta técnica como un ensayo para cuando el peor de los casos suceda. Suena aterrador, es como si estuviera destinado a ser... después de todo, está imitando uno de tus peores miedos. Dicho esto, el objetivo de esta técnica es ayudarte a evitar que te quedes paralizado por tus fobias y tus ansiedades. A través de ella, serás capaz de examinar lo que podría suceder en el peor escenario posible que se pueda conjurar.

Bien, ¿por dónde empezar? De nuevo, empieza por algo pequeño. Guarda los peores temores para más tarde y asegúrate de que vas subiendo lentamente, pero con constancia.

Por ejemplo, uno de mis peores temores es salirme de la carretera y terminar de alguna manera en una masa de agua profunda. En este escenario, estoy tan paralizado por el miedo que todo lo que puedo hacer es ver como mi vehículo se hunde lentamente. Por supuesto, esto no es lo que quiero que suceda.

Para poner en práctica esta técnica, me imagino sentado en un auto y recordando todas las cosas que he aprendido mientras investigaba. Hay una salida y mientras siga lo que sé, estaré bien. Tengo unos minutos para hacer todo, y todo lo que necesito es mantener la calma y ponerme en marcha.

La primera vez que hagas esto, sería bastante molesto. Sin embargo, cuanto más imagines el escenario y lo sigas en tu cabeza, mejor te las arreglarás. Eventualmente ni siquiera te acobardarás cuando lo pienses.

19. *Prevención de la exposición y la respuesta.*

Esta técnica de la TCC en particular es conocida por funcionar muy bien para las personas que tienen el TOC. En pocas palabras, es un tipo de terapia que hace que el cliente se enfrente a sus miedos y luego haga todo lo posible para evitar el ritual. En primer lugar, ten en cuenta que esto puede ser extremadamente provocador de ansiedad. Esta reacción es normal, incluso se espera que ocurra durante las etapas iniciales de la terapia. Eventualmente, disminuye y con la exposición continua, incluso desaparece.

Por ejemplo, un amigo mío del instituto tenía problemas con los gérmenes. Siempre se lavaba o desinfectaba las manos, hasta el punto de que la piel se le volvía seca y escamosa. Cuando entramos en la universidad, empezó a tomar medidas para exponerse más a lo que más temía.

¿Cómo? A menudo íbamos a excursiones en las que necesitaba tocar el suelo o las plantas con sus manos. En algunos casos, incluso caminábamos descalzos. Al principio, fue muy difícil para el, hasta el punto de que tuvimos que volver porque empezó a sentirse mal. Sin embargo, fue diligente con ello, y hoy en día, puede hacer casi cualquier cosa sin temer.

El asunto con el ERP, y también lo noté con mi amigo, es que toma un tiempo y el proceso puede ser desalentador. También hay un cierto grado de estrés asociado con él, y recuerdo tener que consolarlo cada vez que sentía que estaba fallando. Lo importante que hay que tener en cuenta es que no hay tal cosa como el fracaso, mientras sigas intentando romper tu patrón de pensamiento, estás teniendo éxito.

20. *Exposición Interoceptiva.*

Esta técnica se utiliza comúnmente para tratar el trastorno de pánico. Consiste en realizar ejercicios que desencadenan las sensaciones físicas asociadas a los ataques de pánico. Esto incluye: hiperventilación y alta tensión muscular. El objetivo aquí es eliminar la respuesta condicionada que tiene una persona; después de todo, la mayoría de las personas que padecen el trastorno de pánico creen que experimentar estas sensaciones eventualmente llevará a un ataque.

¿Pero es realmente así? No siempre.

La idea aquí es que al eliminar el temor al estímulo asociado a los ataques de pánico, se disminuyen los casos generales en los que sí experimentan ataques. Busca deshacerte del "miedo al miedo" porque hay casos en los que los ataques de pánico ocurren simplemente porque el individuo "sintió" que estaba a punto de ocurrir. Esto los lleva a hiperventilar, lo que luego desencadena el trastorno.

Por ejemplo, un individuo tiene miedo de hablar en público. En un compromiso o un evento, se le pidió que dieran un discurso. Bien, debido a la ansiedad por esta tarea, podría comenzar a hiperventilar y mientras esto sucede, también crear que un ataque de pánico que seguramente le seguirá. Sin embargo, la realidad es que sólo necesita practicar ejercicios de respiración para calmarse.

Ahora, si usas esta técnica, puedes extinguir efectivamente ese "miedo". El miedo a que tu hiperventilación lleve a algo peor. Requiere práctica, al igual que las otras técnicas, y puede ser tan impactante como estas sensaciones que nunca son agradables. Sin embargo, como hemos estado enfatizando desde el capítulo 1, cuanto más te familiarices con la sensación, menos poder tiene sobre ti.

Lo mismo se aplica aquí.

21. Relajación muscular progresiva (PMR).

Esta es una técnica que no es específica de la TCC, pero que sin embargo se utiliza a menudo para ella. La PMR es básicamente un ejercicio en el que se relaja un grupo de músculos a la vez como medio para relajar todo el cuerpo. La forma más ideal de lograr esto sería seguir un tutorial guiado. Hay muchas grabaciones de audio de PMR disponibles online, pero también hay terapeutas que ofrecen sesiones individuales para esta técnica.

Es un poco similar a la meditación en que necesitas estar relajado y con la mente clara, pero la experiencia en general es muy diferente.

Junto con este ejercicio, también se recomienda que pruebes a respirar relajadamente. Con la práctica regular, puedes empezar a aprender a reducir la velocidad de la respiración. Puede que no pienses mucho en ello, pero esto puede tener un efecto muy significativo en tu cuerpo.

Para terminar, permíteme dejarte un consejo muy importante si va a comenzar con la TCC. Siempre deja espacio para cometer errores. Te enseñará mucho y te ayudará a crecer. No todo el mundo conseguiría realizar estas técnicas en el primer intento, ni siquiera en el segundo o tercero. Para algunos, incluso podría llevar años.

Recuerda que la velocidad no debería ser tu mayor preocupación. Siempre trabaja a tu propio ritmo y piensa en lo que es mejor para ti.

Conclusión

¡Gracias de nuevo por comprar este libro!

Espero que este libro te haya ayudado a utilizar técnicas efectivas para superar la depresión, la ansiedad y las fobias.

El siguiente paso es aplicar lo que has aprendido y empezar a vivir tu vida de la manera que quieres.

¡Gracias!

Antes de que te vayas, sólo quería darte las gracias por comprar mi libro.

Podrías haber elegido entre docenas de otros libros sobre el mismo tema, pero te arriesgaste y elegiste este.

Así que, un ENORME agradecimiento a ti por conseguir este libro y por leer hasta el final.

Ahora quería pedirte un pequeño favor. **¿Podría tomarte unos minutos para dejar una reseña de este libro?**

Esta retroalimentación me ayudará a seguir escribiendo el tipo de libros que te ayudarán a obtener los resultados que deseas. Así que si lo disfrutaste, ¡por favor, házmelo saber!

www.ingramcontent.com/pod-product-compliance
Lightning Source LLC
LaVergne TN
LVHW020430120526
838202LV00114B/181